눈과 안경의 모든 것
안경책

헬레나 하라슈토바 글 | 아나 코번 그림
이계순 옮김

천개의바람

눈과 안경의 모든 것

들어가며 8

눈에서는 과연 어떤 일이 일어날까요? 10

안과에 가면 12

안경을 쓰면 왜 잘 보일까요? 14

아주 먼 옛날, 안경이 없었을 때 16

우아, 아주 잘 보여요! 18

모두를 위한 안경 20

올바른 안경을 선택하는 방법 22

눈이 나쁜 유명인들 24

미래의 안경 26

불편한 순간 28

눈을 보호해요 30

동물들의 눈 32

안경을 쓴 우리는 정말 멋져요! 34

안녕, 내 이름은 조야. 안경을 쓰고 있지.
어느 날 길 건너편을 보는데, 집이랑 나무, 친구들이 잘 안 보이는 거야.
뿌연 유리창으로 보는 것 같았어. 하지만 유리창은 없었지!
새가 나뭇가지에 몇 마리 앉아 있는지 셀 수 없었고,
내 옆으로 지나가는 버스가 몇 번 버스인지 알 수 없었어.

안녕, 내 이름은 키티야.
나는 안경을 아주 어렸을 때부터 썼어.
안경을 벗으면 주변이 흐릿해져서 뭐가 뭔지 헷갈려.
나는 멀리 있는 것들만 선명하게 보여.

조는 세상이 이렇게 보여요.

키티는 세상이 이렇게 보여요.

조와 키티가
안경을 쓰면
세상은 다시 선명해져요!

혹시 안과 의사 선생님이 안경을 쓰라고 했나요? 그렇다면 지금 걱정이 많겠군요. 코가 불편하지는 않을까, 안 어울리지는 않을까, 친구들이 놀리지는 않을까 싶어서 말이에요. 지금 어떤 기분일지 아주 잘 알아요. 조와 키티도 그런 걱정을 했으니까요. 하지만 안심해요. 이 책을 읽으면 안경과 관련된 모든 걸 알게 될 테니까요. 책을 덮고 나면 안경을 쓴 모습을 무척 자랑스러워하게 될 거예요!

눈에서는 과연 어떤 일이 일어날까요?

건강한 눈은 전부 같은 방식으로 작동해요. 눈을 구성하는 모든 부분이 한 팀으로 움직여, 사물을 제대로 볼 수 있도록 도와주지요.

1 주변 사물에서 반사된 빛이 각막과 수정체를 통해 눈 안으로 들어가요.

2 눈 안으로 들어온 빛은 눈 뒤쪽 '망막'이라는 곳에서 만나요.

3 망막에 있는 시신경이 이 정보를 뇌로 전달하고, 뇌는 그 정보를 바탕으로 우리가 무엇을 보고 있는지 판단해요.

이 과정은 굉장히 복잡해요. 중간에 잘못되기 쉽지요. 그래서 다양한 시력 문제가 나타나는 거고요. 조의 시력 문제는 키티의 시력 문제와 조금 다른데, 혹시 눈치챘나요?

원시

키티는 멀리 있는 사람이나 사물을 볼 때는 별문제가 없어요. 하지만 손에 들고 있는 상자의 글씨처럼 가까이 있는 건 흐릿하게 보이지요. 키티 같은 시력 문제를 **'원시'** 라고 해요. 눈 안으로 들어온 빛이 망막 뒤에 모여서 생기지요.

근시

조는 가까이 있는 사람이나 사물은 선명하게 보여요. 하지만 길 건너편에 있는 친구처럼 멀리 있는 건 흐릿하게 보이지요. 조 같은 시력 문제를 **'근시'** 라고 해요. 눈 안으로 들어온 빛이 망막 앞에 모여서 생기지요.

그 외의 시력 문제

사람이나 사물이 가까이 있든 멀리 있든 항상 흐릿하게 보이는 사람도 있어요. 이런 시력 문제를 **'난시'** 라고 해요. 무언가를 볼 때 항상 한쪽 눈이 다른 쪽을 향하고 있는 사람도 있어요. 그러면 사물이 두 개로 보이거나 공간 적응에 문제가 생기지요. 이런 시력 문제를 **'사시'** 라고 해요. 나이가 들면서 자연스럽게 생기는 시력 문제도 있어요. 눈의 조절력과 탄력성이 떨어지면서 나타나지요. 할머니와 할아버지가 돋보기안경을 쓰는 건 다 이런 이유 때문이에요.

안과에 가면

안과 의사는 다양한 방법으로 눈이 얼마나 선명하게 볼 수 있는지 검사해서 알려줘요.

안과 의사는 눈에 어떤 문제가 생겼는지 바로 찾아낼 수 있어요. 우리가 뭔가 이상하다는 걸 알아차리기도 전에 말이에요! 문제를 빨리 찾아낼수록 문제를 해결할 기회도 늘어나지요.

어떻게 찾아내나요?

안과 의사는 눈의 근육이 어떻게 움직이는지, 빛이 눈 안에서 어떻게 이동하는지, 사람이나 사물을 제대로 보고 있는지 등 여러 가지를 검사할 거예요. 눈을 구성하는 여러 부분이 잘 맞물려 매끄럽게 움직이고 있는지도 살펴볼 거고요.

> 조가 먼 곳을 잘 못 보는 것 같을 때, 얼른 안과로 데려갔단다.

안과 의사는 무엇을 할까요?

검사를 하기 전에, 먼저 시력과 관련된 여러 질문을 할 거예요. 그런 다음 다양한 도구와 특수한 안경, 그림을 사용해 눈이 제대로 작동하고 있는지 알아볼 거예요. 걱정할 필요는 없어요. 어떻게 해야 하는지 알려줄 테니까요. 우리는 한쪽 손으로 한쪽 눈을 가린 채 어느 정도 떨어져 있는 보드판을 보며 눈에 보이는 숫자나 그림을 말할 거예요. 비춘 불빛을 들여다보거나 불빛 위도 쳐다볼 거고요.

일찍 갈수록 좋아요

키티의 부모님은 키티가 걸음마를 떼자마자 정밀 검사를 위해 안과에 데려갔어요. 두 분 모두 안경을 쓰는데, 시력 문제는 대체로 집안 내력이라는 걸 잘 알고 있었거든요. 다시 말해, 시력에 문제가 있는 가족이나 친척이 있다면 그 아이도 비슷한 시력 문제를 겪을 가능성이 크다는 뜻이지요. 이걸 '가족력'이라고 해요. 안과 의사는 키티의 눈에서 어떤 문제를 발견했고, 안경을 쓰기 시작한 뒤로 키티의 생활은 많이 편해졌어요.

눈이 좋다고 생각하는 사람들도 시력이 나쁠 수 있으니 시력 검사를 받아야 해요. 그리고 아주 어린 아기들도 시력 검사를 받는데, 알고 있나요? 일찍 검사를 받으면, 나중에 아기를 힘들게 할 수 있는 시력 문제를 미리 찾아서 치료할 수 있지요.

안경을 쓰면 왜 잘 보일까요?

조와 키티는 세상을 뚜렷하고 세세하게 보기 위해 안경을 써야 해요. 여러분도 지금 처음 쓰는 안경에 익숙해지고 있나요? 귀에 걸린 이 물건, 안경은 어떻게 작동하는 걸까요?

안경은 특별히 쓰는 사람의 눈에 맞춰 제작돼요. 이렇게 딱 맞게 조정된 안경의 유리나 플라스틱 렌즈인 안경알은 눈의 **각막**과 **수정체**가 사물을 제대로 볼 수 있도록 도와줘요. 그러니까 안경 덕분에 안구에 들어온 빛이 **망막**의 올바른 지점에 맞히게 되는 거예요.

안경알: 좀 더 선명하게 볼 수 있도록 도와줘요.

안경테: 안경알을 보호하고 안경알이 움직이지 않도록 해요.

안경다리: 안경이 떨어지지 않게 귀에 걸 수 있어요.

두께가 일정하지 않고 불규칙한 안경알은 **난시**인 사람이 사물을 선명하게 볼 수 있도록 도와줘요.

가운데가 가장 얇고 가장자리로 갈수록 두꺼워지는 안경알은 **근시**인 사람이 멀리 있는 사물을 제대로 볼 수 있도록 도와줘요.

반대로 가운데가 볼록 튀어나온 안경알은 **원시**인 사람이 가까이 있는 사물을 잘 볼 수 있도록 도와줘요.

안경을 쓰면...

버스를 잘못 타지 않아요!

어딘가에 부딪혀 비틀거리거나 쉽게 넘어지지 않아요. 어떤 장애물이든 제때 볼 수 있으니까요!

멀리서 인사하는 친구를 못 보고 지나치지 않아요!

목표를 헷갈리는 일은 절대 없어요!

눈을 찡그려서 생긴 두통이 사라져요!

작은 것도 쉽게 셀 수 있어요!

아주 먼 옛날, 안경이 없었을 때

조와 키티, 그리고 안경을 쓴 수백만 명의 사람은 가끔 궁금해요. 안경이 아직 발명되지 않았을 때, 우리 조상들은 눈이 나빠지면 어떻게 했을까요? 자, 여러분은 어떻게 생각해요?

과거와 현재의 다른 점

과거에는 근시나 원시, 난시 같은 문제가 별로 없었어요. 적어도 지금보다는 확실히 적었지요. 왜 그랬을까요? 과거에는 사람들이 대부분 밖에서 활동했고, 인공조명이나 컴퓨터 화면이 없어서 눈이 손상되지 않았거든요. 그런데 현대의 우리는 눈에 나쁜 인공조명이나 컴퓨터 화면에 둘러싸여 있는 시간이 점점 늘어나고 있어요. 과학자들은 2050년이 되면 지구에 있는 사람 절반 이상이 근시일 거라고 해요!

시력이 문제 되지 않았던 시대

옛날에는 시력에 문제가 있었다 해도 크게 신경 쓰지 않았어요. 눈이 조금 안 좋아도 사는 데 불편하지 않았고, 그냥 그 시력에 맞춰 생활하면 되었거든요. '원시'인 사람은 훌륭한 사냥꾼이 되고, '근시'인 사람은 옷을 만들거나 도자기를 꾸미면 되었지요. 중세에는 근시인 사람이 글씨 쓰는 일을 전문적으로 하기도 했어요. 문서를 가까이에서 들여다봐도 눈이 많이 나빠지지 않아 오랫동안 일할 수 있었거든요.

최초의 도구

안경이 발명되기 전, 최초의 시력 보조 도구는 약 2,500년 전에 인도에서 발명되었어요. 이 도구는 로마 제국 시대에 들어와 널리 쓰이기 시작했지요. 로마 사람들은 책을 읽을 때 특수한 유리 도구를 사용했는데, 이 도구는 지금 사용하는 돋보기와 비슷하게 생겼어요. 사용 방식도 지금이랑 거의 비슷했고요. 로마 사람들은 책을 읽을 때마다 이 유리 도구를 손에 쥐고 있어야 했어요.

책, 텔레비전 그리고 시력 문제

시간이 흐르면서 많은 사람이 읽고 쓰는 법을 배우게 되었어요. 그러자 근시인 사람이 점점 늘어났지요. 사람의 눈은 새로운 환경에 맞춰 적응을 잘해요. 사람들이 읽고 쓰는 데 많은 시간을 들이자, 눈은 갈수록 가까이 있는 사물을 더 잘 보게 되었어요. 하지만 멀리 있는 사물은 더 못 보게 되었지요. 이런 일은 지금도 계속되고 있어요. 텔레비전이나 컴퓨터, 책은 우리에게 다양한 지식과 즐거움을 주지만, 여러 시력 문제를 안겨 주기도 해요.
시력 문제는 우리가 누리는 편안한 생활에 대한 대가이지요.

'실명'에 대한 어두운 과거

옛날에는 가벼운 시력 문제가 현대보다 훨씬 적게 나타났어요. 하지만 실명 같은 심각한 상황은 종종 있었지요. 시력을 완전히 잃은 사람은 어디에서도 도움을 받을 수 없었어요. 걷는 데 어려움을 겪었고, 가족에게는 짐이 될 뿐이었죠. 이런 상황 때문에 성격이 점점 괴팍하고 심술궂게 변하는 사람도 있었고요. 초원에서 가축을 키우며 정착하지 않고 살아가는 유목민들에게 느릿느릿 걷는 사람은 생존에 위협이 되곤 했어요. 그래서 앞이 안 보이는 사람이 있으면 그냥 뒤에 남겨 두고 떠나거나, 그 자리에서 바로 죽이기도 했지요.

우아, 아주 잘 보여요!

오래된 아랍어 기록에 따르면, 13세기 이탈리아 북부에서 지금과 같은 **안경이 최초로 발명**되었다고 해요. 이 안경이 얼마나 인기를 끌었을지 한번 상상해보세요! 최초의 안경은 손으로 잡고 있어야 해서 책 읽을 때만 사용되었어요. 하지만 곧 사람들, 특히 성경을 공부하던 수도사들은 안경 없는 삶을 상상할 수 없게 되었지요. 이때 안경테는 나무나 가죽, 뿔로 만들어졌어요.

얼마 지나지 않아 안경은 지식수준과 부를 나타내는 상징이 되었어요. 안경은 유럽의 돈 많은 귀족에게 필수품이 되었고, 곧 비단길을 통해 아시아까지 전해졌지요. 예술가들은 온갖 공을 들여 안경테를 예쁘게 장식했어요. 중국에서도 안경은 높은 사회적 지위를 드러냈어요. 일부 판사들은 더 위엄 있게 보이려고 안경을 쓰기도 했지요!

1700년대

1700년대에 안경의 역사에 진정한 혁명이 일어났어요. 양쪽에 **다리**가 있는 안경을 만들기 시작했거든요! 사람들은 코에 걸친 안경을 한 손으로 쥐고 있지 않아도 되었어요. 그래서 종일 쓸 수 있게 되었지요. 얼마나 다행인지 몰라요!

1750년 이후

1750년 이후, 영국 사람인 **벤자민 마틴**은 안경 제작자로 유명해졌어요. 강철로 만든 안경테에 이전보다 얇은 렌즈를 넣었거든요. 벤자민 마틴의 안경은 날개 돋친 듯 팔렸어요. 부자란 부자는 모두 벤자민 마틴의 안경을 갖고 싶어 했지요.

1784년

미국의 또 다른 벤자민인 벤자민 프랭클린이 1784년에 **이중 초점 안경을** 최초로 선보였어요. 안경의 윗부분은 멀리 있는 걸 잘 볼 수 있도록, 아랫부분은 가까이 있는 걸 선명하게 볼 수 있도록 도와주었지요. 어떻게 이렇게 만들었을까요? 벤자민 프랭클린은 렌즈 두 개를 반으로 잘라서 하나의 안경테에 끼워 넣었어요! 이중 초점 안경은 지금에도 사용되고 있어요. 하지만 옛날 방식으로 만들어지지는 않아요.

벤자민 프랭클린

격동의 시기였던 19세기, 세상은 크게 변했어요. 변화 중 하나는 가난한 사람도 안경을 쓸 수 있게 되었다는 거죠. 안경이 **공장**에서 **대규모로 생산**되면서 가격이 많이 내려갔거든요. 당시에는 주머니에 쏙 넣을 수 있는 **접이식 안경**이나, 특별히 부채와 교묘히 결합한 극장용 안경이 인기가 많았어요.

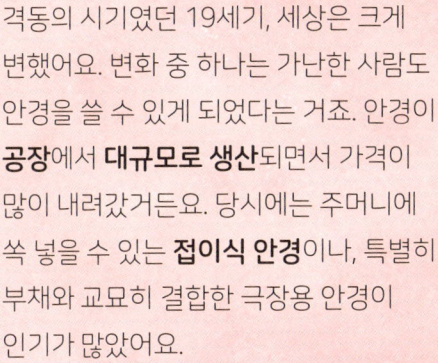

1862년

하지만 이런 훌륭한 발명품들도 제대로 쓸 수 없다면 소용이 없겠죠? 1862년까지만 해도, 사람들은 안경을 상인한테 대충 사서 썼어요. 하지만 네덜란드 의사 헤르만 스넬런이 글자 크기가 서로 다른 **시력 검사표**를 만들었지요. 헤르만 스넬런은 이 검사표를 이용해 환자에게 필요한 안경을 정확히 찾아줄 수 있었어요.

헤르만 스넬런

모두를 위한 안경

우리는 운이 아주 좋은 편이에요. 시력 문제가 있으면 거기에 맞는 안경을 맞출 수 있을 뿐만 아니라, 다양한 제품 중에서 마음에 드는 디자인을 고를 수도 있으니까요. 우리는 그냥 마음이 끌리는 안경이나, 얼굴에 잘 맞는 안경, 좋아하는 색깔의 안경, 특별한 날에 어울리는 안경을 고를 수 있어요.

올바른 안경을 선택하는 방법

안경을 고를 때 가장 중요한 건 뭘까요? 바로 그 안경의 모양을 좋아하고, 썼을 때 편해야 한다는 거예요. 그래야 기쁨과 자부심을 느끼며 안경을 쓸 수 있지요. 안경알은 안과 의사가 우리의 시력을 철저하게 검사한 후 검사 결과를 바탕으로 정해요. 하지만 안경테의 모양이나 크기, 색깔, 재료는 순전히 우리가 정하는 거예요.

조는 좋아하는 색깔이 들어간 줄무늬 안경을 골랐어요. 그래서 매일 안경 쓰는 걸 좋아하지요. 키티도 조의 안경을 좋아하지만, 그렇게 눈에 띄는 테는 자신에게 어울리지 않는다고 생각해요. 하지만 특별한 날을 위해 안경을 하나 더 맞출까 고민 중이에요. 이번에는 작은 은색 별들이 그려진 안경으로요.

이 안경을 쓰라고요?
제 스타일이 아니에요.

특별한 날을 위해

안경을 한번 바꿔보려고 할 때, 우리는 머리카락이나 눈동자 색깔, 얼굴 모양에 맞는 안경을 고를 거예요. 같은 안경이라도 어떤 사람이 쓰면 완벽해 보이지만, 어떤 사람이 쓰면 전혀 어울리지 않을 수도 있어요. 정말 놀랍지요? 사람마다 얼굴 모양이 다르고, 어울리는 안경의 모양이나 색깔이 다르기 때문이에요. 안경은 진정한 패션 액세서리예요! 집에 안경이 여러 개 있는 사람도 있어요. 이런 사람들은 입은 옷에 따라 안경을 골라요. 어떤 운동을 하느냐, 어떤 분위기의 장소에 가느냐에 따라 안경을 고르기도 하고요.

너한테 딱 어울리는구나!

어린이용 안경

키티는 아주 어렸을 때 지금과는 다른 안경을 썼어요. 안경은 얼굴 크기와 눈 사이 간격에 따라 적절한 것을 골라야 해요. 적절한 안경을 선택했다면, 이리저리 껑충껑충 뛰어도 안경이 코에서 흘러내리지 않을 거예요. 꽉 조이는 느낌도 들지 않을 테고요. 요즘에는 어린이용 안경을 무척 튼튼하고 가볍고 유연한 특수 소재로 만들어요. 그래도 안경테가 부러지지 않도록 조심해야 해요. 부러지면 테를 새로 사야 하는데, 이게 제법 비싸거든요.

눈이 나쁜 유명인들

정치인 및 사회 운동가

로자 파크스

마하트마 간디

베나지르 부토

엘리자베스 2세

영화배우 및 음악가

메릴 스트립

존 레논

우디 앨런

그레이스 켈리

버디 홀리

엘튼 존

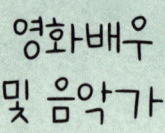

그루초 막스

운동선수

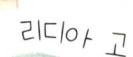
리디아 고

엣하르 다비츠

본 밀러

카림 압둘 자바

작가

니콜라이 고골

버지니아 울프

샬럿 브론테

어니스트 헤밍웨이

사업가

윌리엄 보잉

스티브 잡스

빌 게이츠

발명가 및 과학자

캐서린 존슨

갈릴레오 갈릴레이

그레이스 호퍼

스티븐 호킹

마리 퀴리

화가

렘브란트

레오나르도 다빈치

클로드 모네

빈센트 반 고흐

미래의 안경

조와 키티가 상상한 미래의 안경이에요.

1 입은 옷에 맞춰 안경테의 색깔을 바꿀 수 있는 버튼

2 자동 세척 기능

3 투시 기능

4 외국어를 재빨리 번역해 주는 버튼 (번역된 문장은 눈앞에 표시돼요.)

5 야간용 조명

6 비디오카메라 녹화

7 눈 깜박임으로 제어되는 카메라

8 원하는 영화를 볼 수 있는 화면 제공

눈병, 사라지다

의학의 놀라운 발전 덕분에, 다양한 눈병을 간단하면서도 완벽하게 치료할 수 있는 날이 얼마 안 남았어요. 시력 저하 정도는 쉽게 치료할 수 있지요. 의사는 갓 태어난 아기의 눈병을 발견하고 그 자리에서 치료할 거예요. 당연히 아기는 불편함을 전혀 느끼지 못하고요.

빠른 치료

성인은 몇 초만에 시력 검사가 끝날 거예요. 그래도 검사 결과는 여전히 정확하고 꼼꼼하지요. 눈병은 전부 간단하면서도 통증이 없는 레이저 수술로 치료될 거예요. 환자는 수술 후 바로 집으로 갈 수 있고요.

여유로운 노년기

시각 장애인은 실제 눈처럼 작동하는 인공 눈으로 앞을 볼 수 있을 거예요. 전보다 더 잘 볼 수도 있고요! 나이가 드신 분들은 아주 작은 글자라도 별문제 없이 읽을 수 있어요. 그리고 특별한 장비가 있어서 요청만 하면 그 새로운 장비가 글자를 큰 소리로 읽어 줄 거예요.

불편한 순간

가끔은 안경이 거추장스럽기도 해요. 예를 들어…

비가 오거나, 누군가가 호스로 물을 뿌릴 때

추운 곳에서 따뜻한 방으로 들어올 때

멋진 영화를 3D로 보고 싶을 때

온실이나 사우나처럼, 덥고 습한 곳에 있을 때

햇빛이 눈으로 쏟아져 들어올 때

도움을 주는 물건들

이런 작은 불편들로 우리의 하루를 망칠 수는 없어요.
김 서림 방지 스프레이와 부드러운 천, 또는 특수한 안경닦이로
안경을 닦아 보세요. 몇 초도 안 되어 모든 게 선명하게 보일 거예요.

활동을 멈추지 말아요

안경은 수영이나 다이빙 같은 운동을 할 때는 쓰지 않는 게 좋아요. 이럴 때는 안경을 벗어 안전하게 안경집에 넣어두면 되지요. 하지만 이런 운동을 할 때도 선명하게 보고 싶다면, 특별히 제작한 수영용 안경이나 스포츠 안경, 시력 교정 선글라스를 끼면 돼요. 안경을 쓰고서도 재미있는 것들을 전부 즐길 수 있어요. 우리 모두 최고의 하루를 보내요!

눈을 보호해요

눈병은 대체로 다른 병이나 나이, 가족력 때문에 생겨요. 하지만 우리의 생활 습관도 눈 건강에 영향을 미쳐요. 건강을 유지하기 위해 신체를 관리해야 하는 것처럼, 우리는 시력도 잘 관리해야 해요.

수면의 장점

조는 우리 눈이 절대로 잠들지 않는다는 걸 알고는 매우 놀랐어요. 눈은 항상 깨어 있어요! 우리가 잘 때 쉬는 건, 눈의 움직임을 돕는 눈 근육과 눈꺼풀이에요.

위험한 햇볕

햇볕을 쬐면 몸이 따뜻해지면서 기분이 좋아지지만, 햇빛의 일부는 몸에 해로워요. 그래서 여름에는 자외선 차단이 되는 선글라스를 꼭 써야 해요. 시력 장애가 있는 사람들을 위한 특수 선글라스나, 일반 안경에 부착할 수 있는 다크 렌즈를 쓸 수도 있어요.

우리가 먹은 음식이 곧 우리예요

음식은 전부 우리 건강에 영향을 미쳐요. 눈 건강을 지키려면 생선이나 달걀, 헤이즐넛, 식물성 기름을 먹어야 해요. 음, 맛있겠다!

다양한 눈 운동

눈이 조금 뻑뻑하거나 피로하다고 느껴질 때, 눈 운동을 한번 해 보세요. 분명 도움이 될 거예요!

윽, 디지털 기기 화면들!

키티와 조는 나란히 앉아 만화 보는 걸 좋아해요. 하지만 텔레비전이나 컴퓨터, 휴대전화 화면을 오랫동안 보면 눈이 나빠진다는 사실도 잘 알고 있지요. 인공조명은 우리 눈을 금방 피로하게 만들어요. 그리고 이런 화면을 볼 때는 우리도 모르게 눈을 덜 깜박이게 돼요. 그래서 눈이 아프기 시작하고, 심하면 눈에 염증이 생길 수 있어요.

또 뭐가 눈에 안 좋을까요?

친구 얼굴 앞에서 막대기를 흔드는 행동은 좋지 않아요. 이건 누구나 알 수 있지요. 하지만 먼지나 연기, 또는 공기를 너무 건조하게 만드는 에어컨도 눈에 좋지 않아요. 그래서 눈이 다른 사람보다 민감한 사람은 에어컨이 켜져 있는 방에 들어가면 바로 불편해지기 시작해요.

1. 눈을 1분 동안 감고 있어요. 하루에 5번 정도 해요.

2. 눈을 가만가만 천천히 깜빡여 보세요. 1분 정도 이런 식으로 깜빡이면 되는데, 눈을 너무 꽉 감지 않도록 조심하세요.

3. 눈을 감고서 시계를 보고 있다고 상상해보세요. 그런 다음 눈을 시계 방향으로 굴렸다가 다시 반시계 방향으로 굴리는 거예요. 눈은 계속 감은 채로요. 어때요, 눈이 시원하게 풀어졌나요?

동물들의 눈

키티와 조는 동물원에 가서 다양한 동물을 봤어요. 그러면서 눈과 관련된 흥미로운 사실을 많이 발견할 수 있었지요. 여러분은 이 사실을 알고 있나요?

도마뱀붙이는 눈꺼풀이 없어요. 그래서 혀로 눈을 닦지요. 도마뱀붙이의 눈은 어두운 곳에서도 색깔을 구분할 수 있어요!

잠자리의 눈은 수천 개의 렌즈로 이루어져 있으며, 머리의 대부분을 차지하고 있어요. 그래서 모든 방향을 볼 수 있지요.

안경원숭이는 눈이 매우 커요. 포유류 중에서 몸의 비율에 비해 눈이 가장 크지요. 같은 비율이라고 한다면, 인간의 눈은 자몽만큼 커져야 해요!

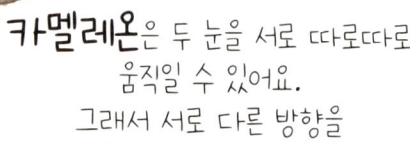

카멜레온은 두 눈을 서로 따로따로 움직일 수 있어요. 그래서 서로 다른 방향을 동시에 볼 수 있지요.

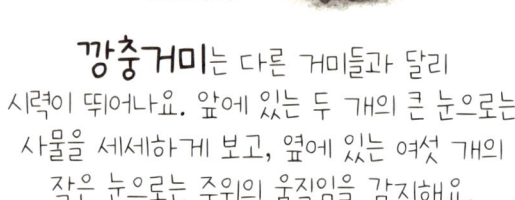

깡충거미는 다른 거미들과 달리 시력이 뛰어나요. 앞에 있는 두 개의 큰 눈으로는 사물을 세세하게 보고, 옆에 있는 여섯 개의 작은 눈으로는 주위의 움직임을 감지해요.

낙타는 속눈썹이 위아래로 길게 나 있어요. 그래서 사막의 모래와 먼지, 건조한 공기로부터 눈을 보호할 수 있지요. 그리고 좌우로 움직이는 눈꺼풀이 하나 더 있어서 눈을 깨끗이 닦을 수 있어요.

네눈박이 송사리는 눈이 네 개 있는 것처럼 보여요. 하지만 실제로는 두 개밖에 없어요. 양쪽 눈 모두가 위와 아래, 두 부분으로 나뉘어 있는 거예요. 그래서 위쪽 눈이 수면 위를 보는 동안, 아래쪽 눈은 수면 아래에서 일어나는 일을 볼 수 있지요.

불가사리는 다섯 개의 팔 끝에 눈 같은 게 다닥다닥 붙어 있어요. 하지만 이 눈들은 단순히 밝고 어두운 것만 구별할 수 있지요.

갯가재라는 작은 갑각류는 아주 많은 색을 구별할 수 있어요. 자외선이나 적외선처럼, 인간은 도저히 볼 수 없는 색까지도 충분히 감지할 수 있지요.

남극하트지느러미오징어는 세상에서 가장 큰 두족류예요. 눈이 축구공만 해요!

달팽이는 민첩한 촉수 끝에 눈이 달려 있어요. 그래서 흐릿하기는 하지만 앞을 볼 수 있고, 몸을 돌리지 않고서도 주위를 둘러볼 수 있어요.

개의 시각은 후각이나 청각만큼 뛰어나지 않아요. 초록색과 노란색처럼, 특정한 색깔만 볼 수 있어서 개들이 보는 세상은 우리가 보는 세상만큼 다채롭지 않아요. 예를 들어, 개는 빨간색을 볼 수 없어요!

고양이의 눈동자는 동그랗지 않고 길쭉한 타원형이에요. 그래서 눈에 더 많은 빛을 받아들일 수 있지요. 덕분에 고양이는 어두운 곳에서도 모든 걸 볼 수 있어요. 하지만 개와 마찬가지로, 사람처럼 다채로운 세상을 볼 수는 없어요.

안경을 쓴 우리는 정말 멋져요!

안경을 쓰면 이 아름다운 세상을 좀 더 자세히 볼 수 있어요!

안경으로 우리의 개성을 살릴 수 있어요!

안경이 안 어울리는 사람은 없어요!

조는 세상에 안경을 쓴 사람이 많다는 걸 점차 알게 되었어요. 처음에는 자신과 키티만 쓴 줄 알았는데, 점점 유치원이나 동네, 거리, 상점 등에서 안경 쓴 사람들이 눈에 들어오기 시작한 거예요. 키티는 조에게 안경을 써도 신나는 일을 많이 할 수 있다고 알려 주었지요. 조는 안경을 쓴 지 얼마 안 되었을 때, 안경을 종종 침대 옆 탁자에 두고 나왔어요. 하지만 시간이 갈수록 그런 일은 줄어들었고, 지금은 안경 없이 보내는 하루를 상상할 수 없게 되었어요. 그러니 여러분도 걱정하지 마세요. 안경에 익숙해지면 언제 어디서든 당당하고 자신감 넘치는, 아름다운 모습을 보여줄 수 있을 테니까요!

30

안경책 눈과 안경의 모든 것

펴낸날 초판 1쇄 2024년 7월 26일

글 헬레나 하라슈토바 | **그림** 아나 코번 | **옮김** 이계순
편집 김다현 | **디자인** 이상원 | **홍보마케팅** 이귀애 이민정 | **관리** 최지은 강민정
펴낸이 최진 | **펴낸곳** 천개의바람 | **등록** 제406-2011-000013호 | **주소** 서울시 영등포구 양평로 157, 1406호
전화 02-6953-5243(영업), 070-4837-0995(편집) | **팩스** 031-622-9413 | **ISBN** 979-11-6573-557-9 73470

Hurray, I wear Glasses
© Designed by B4U Publishing, 2023
member of Albatros Media Group
Author: Helena Haraštová
Illustrator: Ana Kobern

www.albatrosmedia.eu

Korean translation copyright © A THOUSAND HOPE PUBLISHING, 2024
Korean Translation rights arranged with Albatros Media, a.s through The ChoiceMaker Korea Co.
All rights reserved.

이 책의 한국어판 저작권은 초이스메이커코리아를 통한 저작권자와의 독점 계약으로 천개의바람 출판사에 있습니다.
저작권법에 의하여 한국 내에서 보호를 받는 저작물이므로 무단전재 및 복제를 금합니다.

* 잘못 만든 책은 구입하신 서점에서 바꾸어 드립니다. 천개의바람은 환경을 위해 콩기름 잉크를 사용합니다.
* 종이에 베이거나 긁히지 않도록 조심하세요. 책 모서리가 날카로우니 던지거나 떨어트리지 마세요.

제조자 천개의바람 **제조국** 대한민국 **사용연령** 7세부터

글 헬레나 하라슈토바
체코 브루노에서 태어나 연극학과 영문학을 공부한 뒤 영어와 러시아어 번역가이자 작가로 활동하고 있습니다. 지금은 출판사에서 문학 편집자로 일하고 있어요. 글만 보면 맞춤법이나 문법을 보며 잘못된 곳은 없는지 살펴보는 아주 독특한 취미도 있어요. 국내에 소개된 작품으로 〈우리는 기쁠 때 삼바 춤을 춰〉, 〈세상의 모든 직업〉이 있어요.

그림 아나 코번
우크라이나 출신의 어린이책 일러스트레이터예요. 재능이 뛰어난 전 세계 사람들과 함께 일하고 있으며, 수채화와 디지털 일러스트에 관심이 많아요. 어린 독자들을 위한 재미있는 책을 만들어 세상의 아름다움과 다양성, 마음속 이야기에 귀를 기울이고 자신의 감정을 이해하는 방법을 알려주고 싶어요.

옮김 이계순
서울대학교 간호학과를 졸업했으며, 인문사회부터 과학에 이르기까지 폭넓은 분야에 관심을 갖고 공부하는 것을 좋아해요. 번역한 책으로 〈베리 마셜 교수와 함께하는 노벨상으로의 시간 여행〉, 〈나, 오늘부터 그냥 잭〉, 〈달에서 생일 파티를 한다면?〉, 〈1분 1시간 1일 나와 승리 사이〉 외 다수가 있어요.